13 Décembre 1905

marqué P

VENTE APRÈS DÉCÈS DE M. ÉMILE GUILLAUME

# TAPISSERIES ANCIENNES

D'AUBUSSON ET DES FLANDRES

## ÉTOFFES ANCIENNES

FAIENCES ET PORCELAINES — TABLEAUX — BRONZES

MEUBLES — SIÈGES — TAPIS

EXPOSITION PUBLIQUE

Le Mercredi 13 Décembre 1905, Salles nos 5 et 6 réunies

DE 1 HEURE 1/2 A 5 HEURES 1/2

COMMISSAIRES-PRISEURS

Me MAURICE DELESTRE
[illegible], rue Saint-Georges

Me LÉON BIVORT
Successeur de Me BONNIN
96, rue de la Victoire

EXPERTS

MM. M. PAULME & B. LASQUIN FILS

10, rue Chauchat — 12, rue Laffitte

PARIS

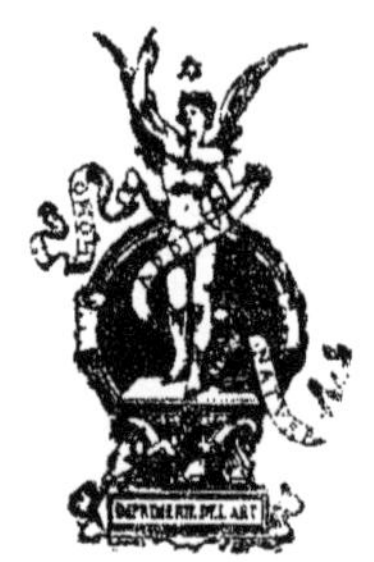

# CATALOGUE

DE

# 40 Tapisseries Anciennes

D'AUBUSSON ET DES FLANDRES

**ÉTOFFES ANCIENNES et MODERNES**

VELOURS DE GÊNES, TENTURE JAPONAISE

**NOMBREUX COSTUMES ORIENTAUX et AUTRES BRODÉS D'OR et D'ARGENT**

TAPIS DE LA SAVONNERIE — TAPIS D'ORIENT

FAIENCES FRANÇAISES, ITALIENNES ET ORIENTALES — PORCELAINES

**TABLEAUX ANCIENS ET MODERNES — BRONZES D'AMEUBLEMENT**

Meubles et Sièges Anciens

OBJETS DIVERS

**Dont la Vente, par suite du décès de M. Émile GUILLAUME**

AURA LIEU

**HOTEL DROUOT, SALLES Nos 5 & 6 réunies**

**Les Jeudi 14, Vendredi 15 et Salle n° 2, le Samedi 16 Décembre 1905**

A DEUX HEURES

---

COMMISSAIRES-PRISEURS

**Me MAURICE DELESTRE**
5, rue Saint-Georges

**Me LÉON BIVORT**
Successeur de Me BONNIN
96, rue de la Victoire

EXPERTS

**MM. M. PAULME & B. LASQUIN FILS**

10, rue Chauchat — 12, rue Laffitte

PARIS

---

EXPOSITION PUBLIQUE

**Le Mercredi 13 Décembre 1905, Salles nos 5 et 6 réunies, de 1 h. 1/2 à 5 h. 1/2**

# CONDITIONS DE LA VENTE

Elle sera faite au comptant.

Les acquéreurs paieront *dix pour cent* en sus des enchères.

L'exposition mettant le public à même de se rendre compte de l'état et de la nature des objets, il ne sera admis aucune réclamation, une fois l'adjudication prononcée.

Paris. — Imp. de l'Art, E. Moreau et Cie, 41, rue de la Victoire.

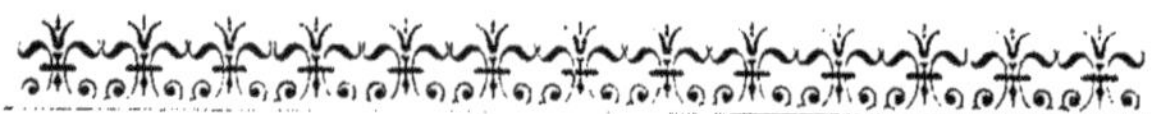

# DÉSIGNATION

## TAPISSERIES ANCIENNES

### FLANDRES ET AUBUSSON

### GARNITURES DE SIÈGES

1 — Tapisserie des Flandres, à sujet d'après David Teniers : Repas dans un parc. Bordure-cadre à feuilles de chêne. Tapisserie agréable et d'un bel état de conservation.

Environ : Haut., 2 m. 80 cent.; larg., 3 m. 10 cent.

2 — Suite de trois tapisseries des Flandres, du XVII$^{e}$ siècle, à grands personnages, épisodes de la vie du roi Salomon. Bordure de fruits, feuillages et personnages, fond jaune.

Haut., 2 m. 80 cent.; larg., 3 m. 80 cent.
Haut., 3 m. 10 cent.; larg., 3 m. 35 cent.
Haut., 3 m. 30 cent.; larg., 5 m. 35 cent.

3 — Tapisserie des Flandres, du XVII$^{e}$ siècle, sujet de chasse animé de nombreux personnages et cavaliers. Bordure à vases, avec orangers et personnages.

Haut., 3 mètres; larg., 3 m. 70 cent.

4 — Tapisserie des Flandres, du XVII^e^ siècle, représentant de nombreux personnages, guerriers, au milieu d'un camp. Bordure analogue à la précédente.

Haut., 3 m. 30 cent.; larg., 3 m. 15 cent.

5 — Tapisserie des Flandres, du XVII^e^ siècle, elle représente un paysage boisé, animé de nombreux personnages, hommes et femmes, dont la déesse Junon. Large bordure, représentant sur les côtés des animaux divers, dans le haut des oiseaux et dans le bas des poissons.

Haut., 3 m. 10 cent.; larg., 3 m 30 cent.

6 — Tapisserie des Flandres, du XVII^e^ siècle, représentant Minerve et deux amours tenant chacun une torchère. Bordure dans le haut seulement.

Haut., 2 m. 60 cent.; larg., 1 m. 25 cent.

7 — Suite de quatre tapisseries d'Aubusson, deux grandes et deux petites, ces dernières en deux morceaux. Elles représentent des sujets chinois, paysages animés de personnages et animaux ; bordure-cadre à feuillages de chêne.

Environ : Haut., 2 m. 80 cent.; larg., 3 m. 10 cent.
Environ : Haut., 2 m. 80 cent.; larg., 4 m. 50 cent.
Environ : Haut., 2 m. 80 cent.; larg., 2 mètres.

8 — Tapisserie-verdure d'Aubusson, paysage avec rivière et oiseaux aquatiques, moulin à eau et maisons; bordure de fleurs, feuillages et fruits.

Environ : Haut., 2 m. 65 cent.; larg., 3 m. 50 cent.

9 — Tapisserie-verdure d'Aubusson, avec château, cours d'eau et oiseaux divers ; bordure de feuillages et rinceaux.

Environ : Haut., 2 m. 65 cent.; larg., 3 m. 30 cent.

10 — Tapisserie-verdure d'Aubusson, avec jeunes femmes au centre ; bordure à rinceaux et feuillages.

Environ ; Haut., 2 m. 65 cent.; larg., 2 m. 35 cent.

11 — Tapisserie d'Aubusson, animée de cinq figures, fête de Vénus ; bordure à entrelacs.

Environ : Haut., 2 m. 80 cent. ; larg., 5 mètres.

12 — Tapisserie d'Aubusson : jardinier et jardinière dans un parc avec habitations ; petite bordure à guirlandes de fleurs.

Haut., 2 m. 30 cent. ; larg., 2 m. 20 cent.

13 — Tapisserie-verdure d'Aubusson, animée de quatre personnages grandeur demi-nature. Bordure à fleurs, attributs et oiseaux.

Environ : Haut., 2 m. 65 cent. ; larg., 3 m. 15 cent.

14 — Tapisserie-verdure d'Aubusson en deux parties : paysage avec château et chasseurs. Bordure de branchages fleuris.

Environ : Haut., 2 m. 75 cent. ; larg., 3 m. 10 cent.

15 — Tapisserie-verdure d'Aubusson : arbre penché ; bordure de fruits et fleurs.

Environ : Haut., 2 m. 75 cent.; larg., 1 m. 75 cent.

16 — Tapisserie-verdure d'Aubusson, avec maisons et oiseaux divers; bordure de fleurs et fruits.

Environ : Haut., 2 m. 65 cent.; larg., 3 m. 30 cent.

17 — Tapisserie d'Aubusson, à sujets mythologiques de deux figures dans un paysage, avec bordure de fleurs et fruits dans le haut et le bas, les côtés manquent.

Haut., 2 m. 80 cent.; larg., 1 m. 85 cent.

18 — Tapisserie-verdure d'Aubusson : au centre, deux enfants jouent au jeu de grâce auprès d'un étang; bordures de fleurs et feuillages; morceau ajouté dans le bas.

Haut., 2 m. 85 cent. larg., 2 m. 05 cent.

19 — Tapisserie d'Aubusson, représentant un sujet biblique avec quatre personnages au milieu d'un paysage. Bordure à rinceaux, feuillages et fleurs.

Haut., 2 m. 80 cent.; larg., 2 m. 90 cent.

20 — Tapisserie d'Aubusson, représentant un combat de cavaliers et soldats. Bordure de feuillages et fleurs enrubannées.

Environ : Haut., 2 m. 80 cent.; larg., 3 m. 20 cent.

21 — Tapisserie d'Aubusson, représentant un épisode guerrier : la défense d'un pont; bordures à rinceaux et feuillages.

Environ : Haut., 2 m. 75 cent.; larg., 3 m. 50 cent.

22 — Tapisserie-verdure d'Aubusson : paysage

avec rivière et pont de bois, oiseaux et habitations; bordure de raisin et feuillages enrubannés. En deux parties.)

Haut., 2 m. 60 cent.; larg., 2 m. 65 cent.

23 — Tapisserie-verdure d'Aubusson, avec sa bordure à fleurs et nœuds de ruban.

Environ : Haut., 2 m. 65 cent.; larg., 4 mètres.

24 — Tapisserie-verdure d'Aubusson : elle représente, à gauche, un groupe de jeunes femmes auprès d'un ruisseau; au centre, un château, et à droite, chiens courant après un cerf. Bordure à fleurs et feuillages.

Environ : Haut., 2 m. 70 cent.; larg., 4 m. 55 cent.

25 — Tapisserie-verdure d'Aubusson, représentant un homme nu à mi-corps et un autre cueillant des roseaux au milieu d'une mare. Avec bordure sur le côté et le haut seulement.

Environ : Haut., 2 m. 75 cent.; larg., 2 mètres.

26 — Portière en tapisserie-verdure d'Aubusson, avec bordure de fleurs et feuillages sur trois côtés seulement.

Haut., 2 m. 70 cent.; larg., 1 m. 15 cent.

27 — Portière en tapisserie-verdure d'Aubusson, avec rivière, habitations et oiseaux: bordure dans le haut et le bas seulement.

Haut., 2 m. 75 cent.; larg., 80 cent.

28 — Trois fragments de tapisserie-verdure d'Aubusson.

29 — Dessus de planche et bandeau de cheminée en tapisserie d'Aubusson.

30 — Bandeau de cheminée en tapisserie d'Aubusson.

31 — Fragment de tapisserie-verdure d'Aubusson.

Haut., 2 m. 10 cent.; larg., 70 cent.

32 — Fragment de tapisserie d'Aubusson, représentant le Jugement de Pâris. Bordure dans le haut seulement.

Haut., 2 m. 15 cent.; larg., 2 m. 20 cent.

33 — Fragment de tapisserie-verdure d'Aubusson.

Haut., 2 m. 20 cent.; larg., 80 cent.

34 — Lot de bordure en tapisserie d'Aubusson. Cinq morceaux mesurant six mètres trente centimètres.

35 — Bordure en tapisserie des Flandres. Trois morceaux mesurant sept mètres trente sur quarante centimètres.

36 — Dossier de fauteuil en tapisserie des Flandres du XVIIIe siècle; il représente Suzanne au bain dans un paysage. Un vieillard et une jeune femme sont auprès d'elle; encadrement de feuillages, fruits, oiseaux et lyres.

37 — Grande garniture de dossier de fauteuil Louis XIII, en tapisserie au point de Saint-Cyr, représentant un Jugement du roi Salomon.

## ÉTOFFES

### ANCIENNES ET MODERNES

### COSTUMES, TENTURES

38 — Deux paires de portières en toile, brodée de soie avec bandes de velours rouge. Travail oriental.

39 — Six rideaux en tapisserie orientale.

40 — Seize pièces : rideaux, burnous, couvertures en tapisserie et laine orientale. (Sera divisé.)

41 — Tenture murale de chambre à coucher en damas rouge, mesurant deux mètres quatre-vingts centimètres sur dix mètres cinquante centimètres de développement environ.

42 — Garniture de lit Henri II en damas rouge et tapisserie au point, composée de cinq pièces.

43 — Dessus de lit en peau de chèvre blanche de Mongolie, doublée de soie ancienne couleur rose, à rayures et brodée de fleurs.

44 — Deux grands panneaux de soie japonaise bleu et jaune, brodée d'or, décorés de ronds avec fleurs et dragons.

45 — Environ quatre-vingts pièces : rideaux, tentures, fragments divers, robes, manteaux, garniture de lit portugais, etc., en soie chinoise et japonaise, de couleur noir, rouge, bleu, etc., brodée de fleurs, personnages, paysages, dragons, etc. Ce lot très important sera divisé.)

46 — Lot d'environ soixante-quinze costumes orientaux et espagnols, d'hommes, femmes et enfants, en soie brodée, velours, drap, laine, toile brodée d'or et d'argent, cuir de Cordoue, etc. ; ceintures en cuir, coiffures, châles en cachemire, tapis en laine brodée, nombreux voiles, etc. (Ce lot sera divisé.)

47 — Quatre pièces : filet de Venise ancien, tapis en velours de Gênes du XVIe siècle et toiles brodées.

48 — Lot de quatorze coupons, de belle soie brochée et imprimée, et de damas rouge. (Sera divisé.)

49 — Lot de vingt-huit morceaux, coupes et tapis de table en soies anciennes et modernes, brodées et brochées. (Sera divisé.)

50 — Lot de huit coussins, dont deux grands sa-

chets, en soies anciennes et modernes. (Sera divisé.)

51 — Lot de dix-sept morceaux ou pièces de franges, galons, en soie or et argent : huit pièces : voiles en tulle de soie brodé d'or, manches brodées d'or et d'argent, pochette en soie bleue brodée d'or, col en soie bleue brodée, six coiffures orientales, soie brodée d'or et d'argent, bonnets, calottes, etc. Cinq paires de pantoufles orientales en soie et velours brodé ; quatorze paires de pantoufles maroquin, et deux ceintures de chasse en velours et cuir brodé. (Ce lot sera divisé.)

52 — Riche manteau oriental en velours de Gênes, insigne de couleur rouge, avec fleurs et rinceaux brodés en or et argent, doublé de soie multicolore.

53 — Lot de trente magnifiques robes, costumes en soie brodé d'or et d'argent, robes de juive, alga de 1850, abbare arabe, robe de femme de Jérusalem, 1853, gandoura d'homme turc, robe de bayadère, châles et écharpes. (Ce lot sera divisé.)

54 — Deux tapis de table en drap, l'un de couleur rouge avec broderie de soie au point de chaînette et argent ; l'autre de couleur noir, brodé de soie argent et laine, à décor de fleurs et rinceaux.

55 — Garniture de lit portugais en drap de couleur lie de vin avec applications de ruban de soie jaune, composée de dix morceaux, dont cinq rideaux et dessus de lit.

56 — Deux garnitures anciennes de lits portugais, en draps couleurs lie de vin et rouge, avec applications de rubans de soie jaune.

57 — Trois coupons de soie bleue brochée japonaise, mesurant chacun quinze mètres environ et un coupon de soie rouge japonaise, brodée de personnages et arbres fleuris, mesurant six mètres 50 centimètres de long sur un mètre de large.

58 — Portière en soie rose, brodée de bouquets de fleurs et tissée d'argent. Époque Louis XV.

59 — Portière en soie, couleur gorge de pigeon, décorée de bouquets de fleurs brodés. Époque Louis XV.

60 — Portière en soie rose, brodée de fleurs, dessins réguliers et rayures, avec encadrement. Époque Louis XV.

61 — Deux paires de rideaux et une grande portière en soie bohémienne, de couleur bleue à fleurs or, et deux paires d'embrasses.

## TAPIS

### DE LA SAVONNERIE, AUBUSSON ET D'ORIENT

62 — Tapis de la Savonnerie, à décor de rinceaux sur fond rouge, et réserves de fleurs de formes diverses sur fond noir.

Dimension : 3 m. 75 cent. × 5 m. 75 cent. environ.

63 — Grand tapis d'Aubusson : fleurs et oiseaux sur fond blanc, avec médaillons ronds dans les angles, à décor de paysages.

3 m. 95 cent. × 5 mètres environ.

64 — Deux carpettes semblables, en tapisserie d'Aubusson, décor de fleurs et feuillages sur fond blanc.

1 mètre × 2 mètres.

65 — Carpette orientale, fond noir à dessins réguliers multicolores en diagonale, encadrement fond rouge.

1 m. 60 cent. × 3 m. 40 cent.

66 — Deux carpettes orientales semblables.

80 cent. × 2 m. 90 cent.

67 — Neuf tapis ou chemins de mosquée en tapisserie orientale. (Sera divisé.)

68 — Lot de cinq carpettes, dont trois orientales, une en tapisserie et une moquette. (Sera divisé.)

69 — Carpette orientale à rayures sur fond blanc et rouge, et dessins réguliers.

1 m. 50 cent. × 2 m. 85 cent.

70 — Grande carpette orientale à longue laine, fond rouge à dessins réguliers en forme de palmes, encadrement fond bleu.

1 m. 50 cent. × 3 m. 90 cent.

71 — Carpette orientale à fond rouge avec réserve au centre en forme de losange, et coins fond bleu.

1 m. 55 cent. × 3 m. 10 cent.

72 — Carpette orientale fond rouge : dessins réguliers en forme de palme, couleurs blanche, bleue et verte.

1 m. 40 cent. × 3 m. 20 cent.

## MEUBLES ET SIÈGES ANCIENS

73 — Meuble-cabinet en marqueterie de bois de cèdre, ébène et os, avec application de cuivre : il ouvre à onze tiroirs.

74 — Deux lits portugais en bois sculpté et tourné.

75 — Deux volets de moucharabi, avec incrustations d'os.

76 — Meuble en bois sculpté, ouvrant à sa partie supérieure à deux tiroirs, et à deux portes à sa partie inférieure.

77 — Meuble en bois sculpté, ouvrant à un tiroir et deux portes.

78 — Petit buffet, à deux corps, en noyer sculpté, ouvrant à quatre portes et deux tiroirs, avec colonnes torses.

79 — Support, à trépied, en bois de citronnier, époque Empire, avec cuvette, pot à eau et porte-éponge en métal argenté.

80 — Meuble, à pinceaux, en bois d'acajou, orné de bronze doré. Epoque Empire.

81 — Meuble d'entre-deux en bois sculpté et laqué, ouvrant à deux portes à coulisse. Epoque Louis XVI.

82 — Grande armoire normande en chêne sculpté, ouvrant à deux portes, avec glaces et cuivres. Epoque Louis XVI.

83 — Petite table de nuit en marqueterie de bois, à damiers et filets de cuivre. Epoque Louis XVI.

84 — Console, de l'époque Louis XVI, en bois sculpté doré, dessus d'étoffe. Travail italien.

85 — Harpe en bois sculpté, peint et doré, décorée de têtes de béliers reliées par des guirlandes de fleurs. Epoque Louis XVI.

86 — Petite commode, de l'époque Louis XVI, à trois tiroirs, en marqueterie de bois de couleur, offrant sur la face un sujet pastoral, et sur les côtés des bouquets de fleurs ; elle repose sur quatre pieds fuselés et est ornée de bronzes ciselés dorés. Dessus de marbre gris. Elle porte une signature illisible d'un maître ébéniste.

87 — Meuble-chiffonnier, de l'époque Louis XV, en marqueterie de bois de rose et violette, ouvrant à sept tiroirs, orné de bronzes ciselés dorés. Dessus de marbre blanc.

88 — Grand secrétaire en bois laqué noir et or, avec paysage et personnage, il ouvre à abattant et cinq tiroirs. Epoque Louis XV.

89 — Meuble à hauteur d'appui en marqueterie de bois de violette, ouvrant à deux portes, orné de bronzes ciselés dorés. Dessus de marbre blanc. Epoque Régence.

90 — Petite commode, de forme bombée, en mar-

queterie de bois de couleur, à fleurs, ornée de bronzes ciselés dorés. Dessus de marbre brèche. Époque Louis XV.

91 — Grande armoire, à deux portes, en noyer richement sculpté, de l'époque Louis XIV.

92 — Vitrine en noyer sculpté, ouvrant à une porte vitrée et deux tiroirs. Epoque Louis XV.

93 — Horloge, avec sa boite en chêne sculpté, de l'époque Louis XV.

94 — Horloge, avec sa boite en bois peint. Epoque Louis XV.

95 — Petit buffet à deux corps, en bois sculpté à pointes de diamants. Époque Louis XIII.

96 — Berceau en noyer sculpté et ajouré, de l'époque Louis XIII.

97 — Meuble hollandais à deux corps, formant armoire, secrétaire et commode à quatre tiroirs, en marqueterie de bois de couleur, fleurs, oiseaux et vase ; orné de bronzes. Époque Louis XIII.

98 — Meuble d'entre-deux, en marqueterie de bois de couleur, à fleurs, avec tablette formant bureau, et ouvrant à deux portes. Travail hollandais. Époque Louis XIII.

99 — Commode, à trois rangs de tiroirs, en marqueterie de bois à fleurs, ornée de bronzes, et dessus de marbre blanc. Travail hollandais de l'époque Louis XIII.

100 — Commode-toilette, à quatre tiroirs, avec glace mobile, en marqueterie de bois à fleurs. Travail hollandais. Époque Louis XIII.

101 — Meuble hollandais, à deux corps, en marqueterie de bois de couleur à fleurs : il forme vitrine à sa partie supérieure, et commode à trois tiroirs à sa partie inférieure. Époque Louis XIII.

102 — Table à jeu, ancienne marqueterie de bois de couleur à fleurs. Travail hollandais.

103 — Petit meuble-cabinet de l'époque Louis XIII, en bois incrusté d'os, ouvrant à abattant, et onze tiroirs intérieurs ; sur le dessus est appliqué son encrier en cuivre.

104 — Petit meuble-cabinet, de l'époque Louis XIII, en bois d'ébène et incrustations d'os, en forme d'édifice.

105 — Petit coffret en bois sculpté de l'époque Renaissance, sur table à pieds tors.

106 — Coffre en noyer sculpté, avec cariatides, du XVIe siècle.

107 — Quatre fauteuils de l'époque Louis XV, à dossiers médaillons en bois sculpté, peint noir et doré.

108 — Deux bergères de l'époque Louis XV, en bois sculpté, avec coussins couverts de soie rouge brochée à fleurs.

109 — Grande chaise longue à oreilles, en bois sculpté, de l'époque Louis XV, avec grand coussin recouvert de soie brochée à fleurs et rayures.

110 — Fauteuil Louis XIII en bois tourné et sculpté, recouvert de cuir de Cordoue.

111 — Grand fauteuil canné de l'époque Louis XIV, en bois richement sculpté.

112 — Six fauteuils Louis XV, en bois sculpté : quatre sont laqués et dorés, couverts d'étoffes différentes, et deux en bois ciré.

113 — Quatre chaises, en bois sculpté, recouvertes de cuir ciselé avec gros clous de cuivre. Epoque Louis XIII.

114 — Sous ce numéro, meubles et sièges modernes non catalogués.

## PENDULES, BRONZES

### LUSTRE, GLACES, OBJETS DIVERS, MONNAIES ET MÉDAILLES

115 — Pendule religieuse en marqueterie, ornée de bronze. Le cadran indique les phases de la lune. Époque Louis XIII.

116 — Pendule religieuse en marqueterie de bois de couleur, à fleurs, avec colonnettes. Le cadran signé : *F. Rotsman*, *à Harlingen*. Époque Louis XIII.

117 — Petite pendule, de l'époque Louis XV; le cadran repose sur une terrasse rocaille et est entouré de branchages en bronze ciselé doré, avec fleurs en porcelaine de Saxe.

118 — Chandelier, sur base rocaille et branchages, en bronze ciselé doré, avec fleurs en porcelaine de Saxe. Époque Louis XV.

119 — Pendule, avec son socle, en marqueterie de cuivre et écaille, ornée de bronzes dorés, aigle et statuette de jeune femme. Époque Régence.

120 — Pendule, avec son socle, en marqueterie de cuivre et écaille, ornée de bronze ciselé doré. Le cadran signé : *Martinet, à Paris*. Époque Louis XV.

121 — Petite pendule en bronze ciselé doré, de l'époque Louis XVI. Sur les côtés du cadran, mascaron à tête de lion, trophée de drapeaux, carquois et enfant tenant un arc et une flèche.

122 — Petite pendule de l'Empire en bronze doré et patiné; le cadran en forme de borne, sur laquelle s'appuie un amour indiquant l'heure avec sa flèche.

123 — Pendule, de l'époque Empire, en bois d'érable, ornée de bronzes dorés.

124 — Coupe, en forme de corbeille, en bronze doré et patiné, supportée par trois femmes. Époque Empire.

125 — Cartel, de style Louis XV, en bronze doré.

126 — Pendule de voyage dans son étui en cuir.

127 — Chameau monté, bronze. Signé : *Chopin*.

128 — Trois petites consoles, supports-appliques, en bois sculpté doré. Époque Louis XIV.

129 — Glace, avec cadre, en bois sculpté doré, à palmes et mascaron de tête de femme. Époque Louis XIV.

130 — Glace, avec cadre ovale, en bois sculpté doré. Époque Louis XIII.

131 — Petit miroir, avec cadre en noyer sculpté, à cariatides de femmes sur les côtés. Époque Louis XIII.

132 — Petit reliquaire, Vierge en bronze doré, avec cadre en ébène et écaille. Époque Louis XIII.

133 — Soufflet Louis XIV en marqueterie de cuivre et écaille rouge ; petit miroir, cadre bois sculpté Louis XIV, et peigne en écaille Louis XIII.

134 — Baromètre en bois sculpté doré, décoré de guirlandes de feuillages et oiseaux. Époque Louis XV.

135 — Lustre et deux appliques, ornés de cristaux de roche et de verre. Époque Louis XIV.

136 — Petit lustre hollandais en cuivre, à dix-huit lumières superposées.

137 — Lampe de mosquée en cuivre ciselé, ajouré et argenté. Travail oriental.

138 — Dix pièces, dont deux fontaines avec leurs bassins, flambeaux, lampe juive, chaudron, bassinoire, etc.

139 — Trente-cinq pièces en cuivre environ : vasque, vase, chandelier, lanterne, brûle-parfum, plateau-aiguière, etc. Travail oriental.

140 — Trois coffres en laque du Japon, noir et or avec cuivres; deux sont de forme hexagonale et un rectangulaire.

141 — Ecran chinois en bois de fer sculpté, avec feuille en soie brodée.

142 — Quatre pièces : petit coffret en laque du Japon, pagode avec divinité, vase pitong en bois sculpté et boudha en bois doré.

143 — Sept pièces en marqueterie de bois, d'ivoire, os, écaille : coffret, paire d'étriers et trois miroirs. Travail algérien.

144 — Trois coffrets en bois sculpté, époque Louis XIII, en laque du Japon et en carton doré, avec gravure intérieure.

145 — Deux miroirs semblables, de Venise.

146 — Canope égyptien en albâtre rubanné, avec tête de sphynx formant couvercle, et deux masques de sarcophage en bois de cèdre peint.

147 — Mannequin de peintre, articulé.

148 — Deux armures complètes en fer gravé, style du XVIe siècle.

149 — Objets divers non catalogués.

150 — Monnaies, médailles et jetons, en or, argent et bronze, principalement des époques Louis XIV, Louis XV, Louis XVI et Empire. (Ce lot sera divisé.)

## FAIENCES ET PORCELAINES

151 — Bouteille à grosse panse en ancienne faïence de Faenza, à décor de feuillages verts, instruments de musique et armure sur fond bleu, avec inscription en lettres gothiques sur fond blanc.

152 — Bouteille en ancienne faïence de Faenza, pouvant faire pendant à la précédente, à décor de feuillages et fleurs sur fond blanc et inscription.

153 — Cinq vases de pharmacie en ancienne faïence de Faenza, Castelli et autres.

154 — Grand vase de pharmacie en ancienne faïence de Faenza, de forme cylindrique, à décor de feuillages et fleurs sur fond bleu. Sur un côté, cartouche avec inscription : *Mallada*, surmonté d'un médaillon, portrait d'homme; sur l'autre côté, médaillon ovale, portrait de jeune femme, avec collier de perles, sur fond jaune.

155 — Portrait de femme formant pichet et un bénitier transformé en applique, à deux lumières, en ancienne faïence italienne.

156 — Sept vases, de formes diverses, en ancienne faïence italienne.

157 — Trois très grandes cuvettes en faïence italienne.

158 — Garniture de cinq grandes potiches en faïence italienne, décor bleu sur fond blanc, avec figure d'un saint personnage.

159 — Dix plats en ancienne faïence de Rhodes, décor de feuillages et fleurs.

160 — Deux pots à lait en ancienne faïence de Rhodes, décor de feuillages et fleurs.

161 — Cinq plaques en ancienne faïence de Perse, à décor de cavalier, personnage agenouillé et feuillages.

162 — Vingt pièces : plats, assiettes, soupière avec couvercle et plateau, en ancienne faïence de Rouen, Moustiers, Marseille, italienne et hispano-mauresque.

163 — Fontaine et son bassin en ancienne faïence de Rouen, décor bleu sur fond blanc, guirlandes de fleurs et lambrequins.

164 — Fontaine et son bassin en ancienne faïence de Rouen, décor bleu sur fond blanc, avec coquille et masque de femme ; couvercle en étain.

165 — Bouteille en ancienne faïence de Delft, à décor chinois bleu et blanc.

166 — Jardinière porte-fleurs en ancienne porcelaine de Locré, décor de bouquets de fleurs et filets d'or. Époque Louis XVI.

167 — Statuette de jeune femme, à robe jaune, en ancienne porcelaine de Saxe, et une soupière avec son couvercle en porcelaine de Louisbourg, à décor de fleurs.

168 — Petit buste de Bonaparte en biscuit.

169 — Grande potiche, avec couvercle, en ancienne porcelaine de Chine, à décor bleu et blanc, couvert de laque noire et or.

170 — Deux vases, de forme balustre, en ancienne porcelaine de Chine, de la famille verte, à décor de paysage et fleurs.

171 — Vase en ancienne porcelaine de Chine, de la famille verte, décor de paysage avec personnages.

172 — Statuette de Chinoise en ancienne porcelaine blanche de Chine.

173 — Deux grandes statuettes et deux chimères en grès de Chine.

174 — Statuette en ancienne porcelaine du Japon, et deux statuettes chinoises en pierre de lare.

175 — Dix pièces, plats et coupes, en porcelaine du Japon.

176 — Sept assiettes en ancienne porcelaine de Chine et du Japon, dont deux de la famille verte.

177 — Sous ce numéro, faïences et porcelaines non cataloguées.

# TABLEAUX ANCIENS

## ET MODERNES

## Aquarelles, Dessins, Gravures

BERNIER (C.)

178 — *Bord de rivière à la lisière d'une forêt.*

DELAUNAY (Pierre)

179 — *Nature morte.*

Manuscrit, coffret, vase de fleurs.

ÉCOLE FLAMANDE

180 — *Chasse au sanglier.*

Cadre en bois sculpté doré. Époque Louis XVI.

ÉCOLE FRANÇAISE (xviii$^{e}$ siècle)

181 — *Le Siège d'une ville fortifiée sous Louis XIV.*

Cadre en bois sculpté doré. Époque Louis XVI.

ÉCOLE FRANÇAISE (xviii$^{e}$ siècle)

182 — *Petit Portrait de Jeune Fille.*

La tête enveloppée d'un foulard. Gracieux pastel de forme ovale.

ÉCOLE FRANÇAISE (XVIIIe siècle)

183 — *Petit Portrait d'Enfant.*

En costume bleu et dentelle. Pastel de forme ovale.

ÉCOLE FRANÇAISE (XVIIIe siècle)

184 — *Portrait de Jeune Femme.*

Décolletée, en corsage de soie bleue. Pastel de forme ovale.

ÉCOLE HOLLANDAISE

185 — *Place d'une Ville en Hollande.*

Animée de nombreux personnages, cavaliers et voitures.

ÉCOLE ITALIENNE

186 — *La Résurrection de Lazare.*

FRÈRE (THÉODORE)

187 — *Une Rue d'Alger.*

FRÈRE (THÉODORE)

188 — *Femme arabe sur un âne.*

FRÈRE (Théodore)

189 — *Camp arabe dans une oasis, effet de soleil couchant.*

FRÈRE (Théodore)

190 — Environ quarante-quatre dessins et aquarelles par Théodore Frère.

JOSEPIN

191 — *Paysage des Environs de Naples.*

Cadre en bois sculpté. Époque Louis XVI.

LAMBINET

192 — *Bord de rivière avec Moulin.*

MAES (Attribué à Nicolas)

193 — *Petit Portrait de Jeune Femme.*

En riche costume.

Toile de forme ovale.

MIGNARD (École de)

194 — *Deux petits Portraits de Jeunes Femmes.*

En riche costume ; l'une tenant des guirlandes de fleurs, l'autre un arc avec carquois et flèches.

Toile de forme ovale.

VERNET (Attribué à Carle)

195 — Treize dessins à la sépia et lavis de forme ronde sur la même feuille, représentant des sujets divers, cavaliers, militaires, paysages, etc.

VEYRASSAT (J.)

196 — *Le Retour des champs.*
Petit panneau daté : *1858.*

197 — Trois aquarelles par *Ciceri*, *Huguet*, *J. Pils*, et un dessin à la sépia par Granet.

198 — Cinq aquarelles de l'Ecole de 1830 : *Paysages d'Italie et autres avec personnages.*

199 — Six aquarelles, dont cinq représentent des *scènes de diligences anglaises*, et une *le Parc de Dijon, de 1801 à 1805.*

200 — Six gravures en couleur, cavaliers, costumes, dont quatre de Debucourt, et deux en noir, dont le portrait de *Gabriel de Roquette*, par Mino, et une *Léda.*

201 — Environ dix pièces sous verre et peintures diverses.

www.ingramcontent.com/pod-product-compliance
Ingram Content Group UK Ltd.
Pitfield, Milton Keynes, MK11 3LW, UK
UKHW020509180726
13839UKWH00004B/1999